JOUSKA

KATY BERTRAND P.

JOUSKA

ORPHEUS EDICIONES CLANDESTINAS

© Katy Bertrand P.

© 2024 DEL DISEÑO, COMPOSICIÓN Y EDICIÓN:
ORPHEUS EDICIONES CLANDESTINAS
Gijón, Asturias, España
editorial@orpheus.es
orpheus.es

ISBN: 978-84-196913-6-1
DEPÓSITO LEGAL: AS-03573-2023

Este libro hace el número 108 del catálogo de ORPHEUS.

Impreso por Podiprint
Impreso en España | Printed in Spain

Gijón, Principado de Asturias (España), 2024

Para siempre

A mi Fuerza
y a mi Refugio

A mi Corazón
y a mi Alma

Todo y Sobre Todo

JOUSKA:

Conversación que surge compulsivamente una y otra vez en tu cabeza.

Charla que se mantiene con uno mismo para tratar de entender los sentimientos propios antes de poder comunicarlos.

PRÓLOGO

Ante el honor y el desafío de poner las primeras palabras en este libro, he de empezar por agradecer a Katy la confianza y advertir al lector de que no es este un análisis erudito sino tan sólo mi opinión como lector. Así, a modo de prólogo, poner su poesía en valor e invitar a quien abra este libro a adentrarse con gozo en él.

Intentaré hacer la máxima de si lo bueno es breve... seré breve e intentaré ser bueno.

Lo primero que hace Katy es romper el título: *Jouska*, esa conversación imaginaria o hipotética que no puedes dejar de repetir compulsivamente en tu cabeza, y crea la palabra, hace del pensamiento tinta y nos regala este texto.

Es muy de poetas hablar del caos, recordaba leyendo este poemario a Millás con sus cajones y sus armarios, con ese mirar bajo la cama, y así ir descolocando el caos para poder mostrarlo de una manera comprensible al lector.

La poesía como labor de orden.

Esos versos que la enredan, que se juntan con el pensamiento, que se mezclan con lo que siente y saltan al papel. Katy crea las palabras haciendo de lo imaginado imagen y revelándola:

> *Suben alborotados*
> *los pensamientos a mi cabeza,*
> *todavía no son materia...*
> *no salen, pero no se callan.*

Sin artificios, sin mancha, dejando la piel limpia.

> *No me gustan los artificios,*
> *ni en el exterior ni en la palabra.*

Reivindica a Machado, *aún hay luz en las estrellas*, un poema envuelto en música. A Bécquer, *Querer de querer / de anhelo*, o a Gloria Fuertes, *Gloria a ti / en la tierra / y en tus versos...*

Nos habla de amores y de dolores, de luchas internas y externas, de fatigas, de ilusiones y esperanza, ¿de qué van a hablar los poetas sino de todo lo que conlleva una vida? *Un charlatán conduce un carromato / de risas ya perdidas.*

Ríes,
y en cada «ja»
resuena el eco
de mi infancia.

Katy nos cuenta lo que siente, y le gusta hacerlo con la palabra limpia y pulida, como en *Con el debido luto* donde lo consigue sin falta de adorno pero con una descripción y un lenguaje totalmente poético.

Nos regala *Complejidad* y paradójicamente lo cierra de forma tan sencillamente hermosa:

Un vocablo simple,
un significado complejo:
Madre...

Desglosa la *Primavera* como una letanía en verso y no puedo dejar de mencionar el poema *Relación tóxica*, un maravilloso texto que nos recitó en el festival POEX 2023 y que recoge en este libro.

Dejar que el corazón sea la brújula
aunque marque senderos
que no existen en los mapas.

El prólogo debe resaltar lo que el libro encierra, qué vamos a hallar en él, dar alguna pista para que luego sea el lector quien encuentre los tesoros del camino.

Y así lo intento yo introduciendo la voz de Katy con sus versos. Permitidme un último adelanto que bien merece la pena el leerlo y releerlo.

SÉ Y SIENTO

Es, en ese instante
de tu sonrisa,
cuando sé y siento
que todo brilla más
que todo pesa menos
y que todo hasta llegar aquí
mereció la pena.

Pues sí que mereció la pena este viaje poético, y todos los que detrás vengan de su mano. Un poeta si vive escribe y Katy guarda mucha vida.

Como decimos en esta tierra: *¡Oxalá vos preste!*
Disfrútenlo.

ALFREDO GARAY MENÉNDEZ.

JOUSKA

Suben alborotados
los pensamientos a mi cabeza,
todavía no son materia
son efímeros y frágiles
se quedan parapetados
detrás de mil razones
atrincherados sin querer salir.
Tiemblan congelados
y su traqueteo revolotea
por los rincones de mi mente
con un eco constante,
no salen, pero no se callan.
No saben todavía
si serán buenos o malos,
no entienden
que yo aún no los comprendo,
los mantengo en vela
removiéndolos
de un hemisferio a otro.

Necesitan formarse
ser palabra completa
respirar cogiendo valor,
tiempo, cuerpo,
antes de atreverse
siquiera a ser pronunciados;
Solo yo hablo con ellos
en un círculo
camino de la expresión.

ARTIFICIOS

No me gustan los artificios,
ni en el exterior ni en la palabra.
No me pongo pendientes
desde hace veinte años,
me picaban las orejas,
aunque reconozco que una buena joya
es necesaria de vez en cuando
para conseguir ese último toque,
ese brillo en el comienzo y el final.
Al igual que un buen tacón,
a veces, una pierna necesita alargarse
y pisar firme y sonora
para bailar un tango
o para caminar sobre la oscura llanura,
ese lugar repleto de zancadillas,
para subir la montaña,
zapatillas y a volar.
Porque volar se hace ligero
sin peso, sin culpa, sin mochila
libre de abalorios y flashes
a tu manera, no porque alguien diga:
¡Vuela!

Sino porque tus brazos se elevan
y rozando las nubes te vuelves sol,
lluvia y estrellas.
Solo por ti, para ti, y así
sin más ropa que la piel
sin más decoración
que las letras de tu nombre,
vuelas y te das
y te reconocen sólo por ser.
No me gustan los artificios
ni por fuera ni en la palabra,
aunque reconozco que un buen acento,
ya sea en la esdrújula o en la aguda,
siempre da ritmo y profundidad
a ciertos mensajes como:
«Déjame, corazón, seguir viviendo.»

A MACHADO

«Estos días azules y este sol de la infancia»

Del gris de estos cielos
de esta lluvia del otoño
aún crecen versos sinceros
aún se aman las palomas.

De esta tierra reseca
de este caudal sin río
aún llegan gotas de escarcha
aún nacen flores amarillas.

De esta sombra que proyecto
de esta huella del zapato
aún salen senderos de mares
aún hay luz en las estrellas.

De este pesar que llevo
de esta carga en la cabeza
aún quiero soñar y sueño
con un mundo de infancia eterna.

Que no se quiebren las velas
que siga soplando el viento
aún se puede llegar a puerto
aún se escucha el cancionero.

AVES DE PASO

Aves de paso somos
y al llegar el invierno,
volamos hacia tierras
más cálidas.

AHORA SIN FIN

Tus palabras,
precursoras de tu boca,
abren puertas
que facilitan tu entrada
a los huecos de mi alma.

La música,
que empapa tus movimientos,
hace que alcance cimas imposibles,
contorsiones de fibras
sin huesos rígidos
que impidan la danza.

Doblar cada músculo,
retorcerlo al extremo,
dejar que la piel
se reubique en nuevos patrones
formando un círculo perfecto.

Alfa y Omega
principio y final
de un sinfín
de experiencias
dónde no existe
un cuánto ni un cómo,
sólo un aquí y ahora.

BUENOS DÍAS

Dicen que la noche es oscura,
que envuelve pecados
que ampara los miedos.

Dicen que la mañana es vida
que te llena de alegría
que allí todo es bienestar.

Yo creo,
que la noche trae los sueños
y el día los destruye.

Digo que la luz,
esconde los rostros de la hipocresía
y que de noche
el fulgor de las estrellas
ilumina las caretas caídas.

CARPA DE DESILUSIÓN

Circo ambulante
de fieras no domesticadas,
de payasos con capas de pintura
mostrando una sonrisa
que enmascara la verdad.

Dónde los trapecistas
se arrojan al vacío
dudando de las manos
que les van a recoger.

Sus magos, de trucos baratos,
con naipes que se desparraman
por sus mangas roídas,
son escapistas de la ilusión.

Los malabaristas lanzan
pelotas de colores apagados,
atrayendo la atención
de un público dormido
por escuchar la letanía
del maestro de ceremonia

cuya voz, de pilas gastadas,
desvelan que es un muñeco,
simple títere de plástico.

Un charlatán conduce un carromato
de risas ya perdidas,
de esperanza enlatada,
en busca de niños crédulos
que devuelvan a esta carpa
una pizca de alegría
de su antiguo resplandor.

CON EL DEBIDO LUTO

No cubrirán de blanco tus muebles
en espera del regreso.
Los cubrirán de grueso negro,
el color del olvido aparente
pero así, con esa pesada carga,
no pasará el tiempo
y seguirán intactos
tus arañazos
tu descolorida piel
tus desconchones
y tus golpes.

Taparán para siempre cada estancia
dejando sus formas a la vista,
el debido luto manda,
no caerás en el destierro
no te echarán a la hoguera
ni cambiarás de dueño,
serás fantasma velado
que de cuando en cuando
ululará por los pasillos
movido por el viento del recuerdo.

No te esconderán bajo liviana tela
para que poco a poco desaparezcas
sino que lo harán de manta opaca
preservándote en la memoria
y así nadie ocupará tu lugar,
craso error el de este duelo.

CONMIGO APRENDÍ

No pasearé más esa senda,
no caminaré más
por el borde
del acantilado
ni entraré en el bosque oscuro,
ya aprendí.
No me quemaré en la hoguera,
no saltaré por los tejados
huyendo del amanecer
ni caeré al agua creyéndome pez,
ya aprendí.
No recostaré la cabeza
en los brazos del querer
ni cambiaré los días
por las noches de otros
ni maquillaré el hambre
ni las ganas de comer,
ya aprendí.
Pero no aprendí de errores,
ni me arrepiento de los hechos.

Aprendí que ese tiempo
fue de una que ya fui
y que ahora,
los paseos son al sol
las vueltas bajo la luna,
y las horas del reloj
se llenan de una calma,
no caótica, sino constante.

Aprendí que no se llora
por lo que se tuvo y se marchó
ni por lo que nunca será,
se ríe de lo vivido
se cuenta frente a un café eterno
y si se llora, que sea
de no haber aprendido.

COMPLEJIDAD

Miedo y esperanza
en un mismo latido,
raíces enroscadas
en el cordón
de los ancestros.
Melancólica mirada
que deambula
entre pasado y futuro,
muro de juicios
y lamentos.
Roca que frena el oleaje,
sofá y manta.
El triste adiós
y la cálida bienvenida,
la tierra del germen infinito.
El listón más alto,
la sonrisa mas preciada,
los brazos que empujan arados
y acunan sueños.
La reafirmación del orgullo,
el corazón en cada paso,
la imagen perenne en el espejo.
Un vocablo simple,
un significado complejo:
Madre…

DE UN PLUMAZO

Vi a la gente correr
sin orden ni concierto
vi a las flores morir pisoteadas.

Presencié cómo la luz
cambiaba de color,
cómo sus destellos
se transformaban en chispas
que prendían el heno.

Escuché las risas
convertidas en lamentos,
alaridos sofocados
bajo chillidos de hienas.

Miré a los hombres
tratando de cortar
con sierras invisibles,
los árboles ya arrancados.

Noté las manos huesudas
que empujaban
en vez de levantar.

Sentí la explosión
que quebró los cimientos
terremoto antinatural,
agujero negro donde
todo está perdido.

Quise despertar, volver atrás,
al momento donde aún
no había dormido,
mas no pude,
porque el reloj y su alarma
hacía tiempo que habían sonado.

EN PROCESO

Es sabido, es normal,
que la lluvia y el sol curan heridas
pero hay pieles, es un hecho,
a las que en vez de sanarlas,
al contacto, éstas se vuelven
más profundas y dolorosas.

Por esto y disculpas,
este animal, esta loba herida
se mete en su guarida,
no como ratoncillo asustado
sino porque allí, en la oscuridad
y en el silencio,
identifico mejor los rasguños de la vida
y con cuidado, uno a uno
lamerlos hasta que cicatricen.

Y cuando pueda, saldré
a ponerme bajo el sol y la lluvia
me enfrentaré de nuevo al viento
si hace falta,
pero cuando pueda,
porque ahora aún cojeo
y yo he nacido para correr.

ESPADA AFILADA

Como espada de Damocles
pende sobre la cabeza
el acero de la culpa,
revolotea tambaleándose
tocando a veces los cabellos
alborotados en los días de descanso,
en el tiempo en el que te das permiso
para ser esa persona que quieres ser,
no la que te cuentan que eres.

La culpa,
esa que nadie sabe de dónde viene
y menos aún cuando se irá,
pero está
siempre está,
desde que te levantas
hasta que te obligas a cerrar la mente
para no escucharla
no verla
¿qué quiere?

Ahí está sobre la testa de todos
rondando como pájaro de carroña
esperando un traspiés para lanzarse
y ¡zas!
Otro pobre sin cabeza
que se mueve por el mundo
sin razón, sin corazón,
sin ser lo que vino al mundo a ser.

Damocles, qué pena
que no guardaras tu espada,
que no la arrojaras lejos
en vez de soltar sobre el mundo
esa culpa que nos paraliza,
¡pero claro, no fue Damocles!
No, no le echaré a él la culpa
no le haré responsable
ni le dejaré mutilado
porque esa espada,
ésa, yo misma me la colgué
al dejar que otros me la pusieran.

ESPEJO ESPEJITO

La imagen en el espejo
ni siquiera es mi reflejo
es la conciencia de otro
que se imagina mi ser.

Mi vista me engaña
porque las gafas que llevo
no me pertenecen solo a mí,
son de un pensamiento colectivo
que se apoderó de mi cerebro,
y desde ahí, estranguló el corazón.
La imagen en el espejo
me dice que la mire
que la cambie y así poder salir,
pero su contorno,
cual mister Hyde,
me grita que la deje estar
que la aprenda a ver como es
que la quiera y la cuide,
que es motor de mi actividad
que fue vida y es pasión.

La imagen en el espejo
ha de mutar en su sombra
y salir del ostracismo
y reírse de cada reflejo.
Ser lo que es en este momento
sin pretender llegar,
a esas cotas imposibles,
porque ni voy hacia atrás
ni soy otra,
aunque tú no lo veas.

FEBRERO

Eres mes de paso
febrero,
tan corto y sigiloso
siempre a la zaga de Enero
siempre alertando a Marzo.

Eres nieve que se dispersa
dando paso a brotes verdes,
frío de invierno sin niebla gris
que anuncia luz de verano.

Eres mes de paso
febrero,
nadie te espera ni llora
no cantan tus aventuras
no juegan en las mañanas.

Eres regusto de leña
con sabor a hierba fresca,
rocío de flores dormidas
que aguardan la primavera.

Eres mes de paso
febrero,
sin la calidez del otoño
pero sin ti
no habría calendario.

GLORIA

Sólo tres letras, tres letras nada más.

Gloria a ti
en la tierra
y en tus versos.

Tú que esperaste tranquila
que germinara la semilla
para ver la flor crecer,
tú que cantaste a la infancia
y a la política,
nadie más se atrevió después
a juntar vocablos tan dispares.

Gloria a ti
en tu sencillez
de obra y palabra,
que tu verdad era clara
y muy sonora,
en defensa de lo bello
te volvías mujer fuerte.

Te pido hoy
con estas letras,
que esa paz que soñaste,
no sea solo quimera,
que sea música eterna
resonando en los oídos
y no caiga en el olvido.

Gloria a ti
en la tierra
y en los versos
que nos dejaste.

HAY NOCHES

Hay noches hermosas
pero ésta no lo es,
languidece decrépita
haciendo esperar al amanecer.

Hay noches hermosas
pero ésta no lo es,
insiste en llenarlo todo de niebla
colándose silenciosa por las rendijas
aferrándose a cada esquina
robando cada destello del hogar,
ocultando la luz
en la mirada apagada.

Hay noches hermosas
pero ésta no lo es,
se resiste a irse
llenando de oscuridad
cada poro de piel
cada bocanada de aire
cada pensamiento libre
cada latir.
Hay noches hermosas
pero esta, aún, no lo es...

HERENCIA

De mis padres heredé:
una cajita de dientes
un mechón trenzado
un álbum de nostalgias
un quintal de apellidos
una casa sin ladrillos
un bastón de nogal
una pipa de marfil,
un broche de aguamarinas
un mantón de manila
unas gafas de concha
una cesta de rulos
una vajilla sin usar
un cucharón de plata
una jarra de cristal.
Heredé también,
una canción de Sabina
un poema de la Vargas
un bote de chiles
una pata de jamón con su bellota
un audio de Cohen

una postal de Sinatra
el guante ajado de Gilda
y el bigote de Poirot,
una cartera llena de décadas
una dieta infinita
un orgullo sin razón
una soledad festiva
un calendario de santos
una maleta parada en la puerta
un collar con cascabel.
Me dejaron mis padres a mis abuelos
para terminar su legado
y unos trozos muy pequeños
de su alma,
aquellos remotos
que vivieron tempestades
esos que ocultaron al mundo
para poder existir,
los que no valen nada,
ésos son mi mejor herencia
la que me hace rica
la que me hace ser,
junto con un hatillo que tiene:
una margarita que no pregunta,
porque siempre sale sí,
un abrazo que espera al tiempo
una infancia
un viaje
una vida para vivir

unos ojos que miran adelante
aunque vayan siempre detrás.

Heredé, pues, un momento junto a ellos,
lo demás, lo normal.

HOY

Ya no soy ayer
desde que llegaste
ya no soy trozos
en busca y captura
de sueños.

Hoy soy hoy,
y mañana contigo.

Soy esperanza y gratitud,
un querer ser mejor
un crecer a tu vera
un brote que se alza al sol.

Hoy, ya siempre soy yo
desde que estás a mi lado
y eres faro y eres ancla
y el latido de mi alma.

IO CLAUDIUS

¡Esto es Roma señores
cuna de la civilización!
Pasó el rubicón el tirano
y nacieron emperadores.

Endogamia de apellidos
aferrados a la toga,
entre venenos y puñales
van cayendo del pedestal.

Impera la ley del fuerte,
leones y tigres en escena
enseñando dientes y garras
y a la vuelta de la esquina,
devoran juntos gacelas.

¡Esto es Roma señoras
la suerte ya está echada!
llega, ve y vence,
nada tienes que decir.

Más cuidado, porque un día,
aquel olvidado y en la sombra
aquel que engrandece el nombre,
tomará el relevo y
os quedaréis sin circo,
sin Imperio que pisar
y la tierra será feliz.

LO QUE PUDO SER

Murió el verso
sin siquiera haber nacido.
Resbaló en tu comisura
al decir tu boca «no puedo».
Se quedó, el pobre,
clavado en mi lengua
que no pronunció un ¡vamos!

Se mantiene perdido para siempre
en dos miradas cobardes,
en un latir inconcluso.
Murió el verso
sin terminar de brotar,
apenas se creaba.

Murió el verso
pero dejó ese regusto
de chispa dulce
que venera mi memoria
porque al menos,
durante un suspiro,
tú y yo, fuimos
poesía.

MAR EN CALMA

De lejos veo la nueva raza
de animales acuáticos,
extremidades que se alzan
entre las olas del mar.

Bocanadas de vida
luchando por escapar
de un transporte improvisado,
de una tierra sin luz.

Caparazones destrozados,
cuerpos sin aliento
esperando ser reconocidos.

A lo lejos veo la nueva raza
de animales acuáticos.

Volteo la mirada
al horizonte que atardece,
se funde el sol con el agua
y todo se oscurece.

Ya no están sus figuras,
el océano se vuelve paz,
nuevamente
el silencio lo envuelve todo.

Desapareció la inquietud.

Yo sentado en la terraza
observo ahora la arena
que se presenta ennegrecida
llena de cuerpos varados,
animales acuáticos
que en la tierra ya descansan,
al fondo, el mar en calma.

NI DE AQUÍ NI DE ALLÍ

Ángel caído
ni día ni oscuridad
ni de este mundo
ni del otro.
Ángel caído
tan humano
tan incorpóreo
tan mortal y tan eterno.

Ni de aquí
ni de allí
sino de ambas orillas.
Ángel caído
eres nada
eres todo.

OMBLIGO

El ombligo me hace mortal,
agujero que me arrastra
a la desaparición.
Hueco natal
que se llena de miedos
a la espera de lo inevitable.

Bajo él, vísceras
que engullen odio
que trajeron los oídos,
que reciclo y mastico
en dientes que escupen más odio
y se enredan en un círculo infinito
de intestinos que voltean y voltean.

Porque tengo ombligo
me lo miro,
y si levanto la vista
es para verme la nariz,
que olfatea el aire
hasta dar con ese aroma
que despierta mis sentidos
de depredador.

Sangre que trago con gusto,
cada vez con más sed,
quiero más y la fabrico
desde el ombligo
hasta la boca
que grita odio
escucho odio
mastico y digiero
el vocablo más en boga.

Aunque yo no soy violenta,
yo soy humanidad,
quiero parar esta cadena
alzo la voz y digo ¡basta!
Pero la palabra sale del ombligo
que es lo que me hace humano
y proyecto desconfianza
repleta de temores.
El ombligo gana,
el odio ya está sembrado.

PENÉLOPE

Penélope ya no teje un sudario
en espera de saber si el cariño murió
o volverá a sus costas.

No quiere aguantar
taciturna y laboriosa
para que no la molesten
con flores ni tangos
pretendiendo llenar su soledad.
No cose mortajas,
ni mantas, ni trapos
que cubran los cuerpos,
que escondan verdades.

Penélope está cansada,
hastiada, de entrelazar hilos,
del ruido monótono del telar.
Coge la tela de su destino
la rasga, la deshace, la deshilacha
y suelta al viento cada hebra
rompiendo lo esperado.

Penélope ya no teje lienzos
ni desespera sentada
ni sueña con ser lo que debe.

Salta al mar desde lo más alto
navega hacia el horizonte
con timón firme,
vuela sin pesos
libre de buscar su vida
de encontrar su propio amor .

PRIMAVERA

Tienes nombre de flor
de estación de tren
de oportunidad
de renacer
de árbol perenne
de mujer.
Tienes nombre de lluvia fresca
de viento de cambio
de río bravo
de nube de algodón
de arenilla entre los dedos
de beso al sol.

Nombre de sentimiento
de sentido
de silbido
de pasión
de infinito,
tienes nombre primavera,
de poesía
de principio
de seguir creyendo
de volver a querer.

PESTAÑEO

Con cada pestañeo,
una gota de sal
colmada de imágenes
que se van borrando
al llegar a la comisura
de tu dulce boca.

Recuerdos que salen
en forma de suspiro
que se mezclan
con el aire de la estancia
renovando la memoria.

Olvidar, que tienes
que recordar algo
que ya no existe.

Latidos de un corazón
que inquieto bombea
un sinfín de emociones,
paradigma de una historia

cuya letra terminada
ya no tarareas.

Ojos que al pestañear,
limpian unas pupilas
otrora apagadas
se ven ahora con el destello
de las luces del universo.

En una chispa saber,
que tienes que confiar
que vendrá tu realidad.

PRESENTE DEL PASADO FUTURO

Ríes,
y en cada «ja»
resuena el eco
de mi infancia.

QUERER

Querer de querer
de Bécquer,
te quiero a ti
y a la estrella.

Querer de querer
de no perder,
quiero una infancia eterna
no por la niñez,
sino por la inocencia.

Querer de querer
de anhelo,
quiero que el hombre sea bueno,
no que de bueno sea tonto
ni el que luce en la portada,
sino del que quiere bonito
y siente cada nostalgia.

Querer quiero
tantas cosas

que en este verso
no entran,
pero sí están bien plasmadas,
si usted lee
y entiende,
la importancia,
el alma y el siempre.

ROMPER

Romper la baraja
romper a reír
romper contigo,
volver conmigo.

Romper el cielo a llover
romper dobladillos,
romperse la cabeza
para seguir sintiendo.

Romper caretas
romper las olas,
romper con el sonido
que no sea silencio.

Romper y regresar al comienzo.

Romper el círculo
romper las normas,
romperlo todo
y quedarse en paz.

Romper
rasgar
quebrar
hacer añicos la etiqueta
la marca
el ser.

Romper para romper
y de nuevo renacer.

RELACIÓN TÓXICA

Poema recitado en POEX 2023

Escúchame
tenemos que hablar
esto no funciona.
Necesito una vuelta de 180 grados.

Estoy harta
de que me arrojes tus miserias
como si fuera un vertedero,
cansada de que cortes mi oxígeno
y llenes de cemento mis venas,
harta de tu fanatismo por el plástico
de tu manía de llenarme de humo
de tu facilidad para estropear
y arrasar todo aquello que para mí, es preciado.

Estoy cansada de que pongas precio a tus descuidos
y me quieras comprar con falsas promesas
o camisetas de eslogan pegadizo,
harta de que vendas mi llanto
y mis cambios de humor
para ganar adeptos a tu causa.

Cansada de que no sepas mi historia
y te creas el primero y el único
que conoce mis ecosistemas,
estoy harta de que cuando sientes mi enfado
te arrodilles a pedir perdón,
un perdón tan efímero como tu compromiso...

Escuchame, tenemos que hablar
esto no funciona.
Necesito recuperar mi primavera
llena de versos,
no de pañuelos agarrados a mi nariz,
variar el rumbo de mi paisaje
y tú humano, necesitas un cambio
y no sólo climático.

SERÁ, QUE, QUIZÁS

Será que ya no me peino
que las arrugas me invaden,
será que la espalda me cruje
que los pies no me responden.
Quizás la vista esté cansada
y la panza llena de penas,
los brazos cargados de bolsas
y el alma acurrucada en un rincón.
Será quizás que ya no me callo
o simplemente será,
que me bajé del mundo
que me escapé lejos
y que no pienso volver.

SÉ Y SIENTO

Es, en ese instante
de tu sonrisa,
cuando sé y siento
que todo brilla más
que todo pesa menos
y que todo hasta llegar aquí,
mereció la pena.

SEGUIR

Seguir soñando despiertos,
sin dejar que se desvanezca el sueño,
y permitir que las musas vengan
cuando tengamos hambre.

Seguir vivos cuando parezcamos muertos
caminando con los pies amoratados,
seguir adelante a pesar
de los huesos quebrados.

Dejar que el corazón sea la brújula
aunque marque senderos
que no existen en los mapas.

Permitirnos caer al pozo
porque la luz desde abajo
se ve aún más brillante.

Seguir avanzando sea día o noche
con la mente en calma,
con el ruido apagado,
permitirnos parar y ver las sombras.

Seguir aquí aunque estemos lejos,
observarnos por dentro
y mirarnos por fuera,
dejarnos seguir soñando
aunque estemos despiertos.

SI HE DE MORIR MAÑANA

Si he de morir mañana
que sea habiendo vivido,
no vivir de brillos ni poses
no del querer queriendo
no del decir de siempre
no de la lista colgada.
Vivir del aire de sueños
del eco de tu risa
del guiño de mi mirada
de la cuna de sus brazos
del latir de tus pasos
de la fuerza de mi voz.
Si he de partir mañana
quiero irme sin maletas
sin gritos en la garganta
sin heridas tapadas
sin amargura en la boca
sin barro bajo los pies.

Marchar con las alas abiertas
con los papeles perdidos
con las mejillas sonrosadas
con el corazón en alto
con un '-migo' y un contigo
con la vida a mi entender.

SONIDOS

Suenan a silencio
        mis palabras
y mis pasos parados,
vagan alrededor
de mis presentes.

Se inquieta la mirada
recordando un futuro
y la respiración se asfixia
entre el oxígeno
que expira el corazón.

Nada se puede construir
si la respuesta es la pregunta.

Todo se puede destruir
si la solución es el problema.

Suenan a silencio
        mis palabras
eco de tus demandas.

TEMPUS FUGIT

Poema seleccionado para la antología *Libripedia V*
en el concurso de Diversidad Literaria.

Caen
constantes
y silenciosos
los granos
de arena.

Desgarrando
a su paso
girones
de tu
piel.

VERSO LIBRE

Caminarás poema
sobre tierras desiertas,
no harán canciones los juglares
utilizando tus versos,
no habrá nanas ni besos
en derredor de tus letras,
caerás al vacío como tantos otros
y te extinguirás sin remedio
porque al suspiro de nacer,
sonó de fondo un reloj,
una alarma imperante
que mandaba barrer
todo color, toda rima,
toda expresión de arte
que no fuera de la norma
y la ley establecida.

Caminarás, por tanto, poema
sobre la soledad y la desgracia,
más, espera, hoy no es tu destino perecer
pues una niña rió al tiempo

y en esa risa te guardó
con su ilusión y su anhelo,
vivirás pues escondido
y cuando sea la ocasión,
saltarás de la punta de su boca
y te harás poesía
haciéndonos a todos
verso libre.

VOY A DECIR: GRACIAS

Gracias a aquellos que aún escuchan,
a los que bajito te ayudan a corregir errores,
a los que al abrazar recomponen estructuras.

Gracias a aquellos que se alegran de verte
estés en el año que estés y de la forma que estés,
a aquellos que tus lágrimas les calan casi más que
    a ti
y tu sonrisa les da fuerza para avanzar, y viceversa.

Gracias a todos los que no se miran el ombligo
esperando encontrar el mismo hueco en ti,
a aquellos que se ríen de forma tan natural
que les salen ronquiditos.

Gracias a los que no os dejasteis convencer
de que el mundo no valía la pena
y seguís cuidándolo sin necesidad de medallas,
a aquellos que continúan leyendo
y buscan la verdad más allá del titular.

Gracias a aquellos que miran de frente
sin hacer pequeño a nadie,
a los que pasean para airear ideas airadas
antes de arrojarlas al viento.

Gracias a los que de vez en cuando,
abandonan sus zapatos y se sumergen en los del
      otro,
a aquellos que apagan un ratito su luz
para que tú veas la tuya.

Gracias a los niños,
porque creo que sin ellos no habría bondad,
y a los abuelos, porque sin ellos
la tierra no sabría de amor.

Gracias en definitiva ,
a los que sois personas
y os gusta reuniros, ser y hacer familia.
Gracias por tanto que dais.

AGRADECIMIENTOS

A Orpheus Ediciones Clandestinas, en especial a Nieves, por confiar en mí y en este proyecto.

A Alfredo Garay por sus palabras y cariño, por su buen hacer y su poesía, pero sobre todo por su corazón.

A María José Menendez por ser la voz de mis versos y otorgarles valor, por ser persona valiente y sobre todo por ser siempre abrazo.

A Nicolás, Mateo, Nahia, y Valentina por ser vida e inspiración.

Gracias en especial a mi abuela Clara y a mi padre, que siempre creyeron en mis sueños y que ahora velarán por ellos cada noche.

ÍNDICE

Este libro se terminó de componer
el 8 de febrero de 2024, onomástica de santa Josefina
Bakhita, quien nacida en la región de Darfur, en Sudán,
fue raptada y vendida como exclava siendo aún niña.
Tras obtener la libertad, abrazó la fe cristiana, ingresó
en el Instituto de Hijas de la Caridad (Canosianas), y
pasó el resto de su vida en Schio, en Vicenza (Italia),
entregada al servicio del prójimo hasta su muerte en
1947. Se cumplían 113 años del nacimiento la poeta esta-
dounidense Elizabeth Bishop.